BEI GRIN MACHT SICH IHR WISSEN BEZAHLT

- Wir veröffentlichen Ihre Hausarbeit, Bachelor- und Masterarbeit
- Ihr eigenes eBook und Buch - weltweit in allen wichtigen Shops
- Verdienen Sie an jedem Verkauf

Jetzt bei www.GRIN.com hochladen und kostenlos publizieren

Bibliografische Information der Deutschen Nationalbibliothek:

Die Deutsche Bibliothek verzeichnet diese Publikation in der Deutschen Nationalbibliografie; detaillierte bibliografische Daten sind im Internet über http://dnb.d-nb.de/ abrufbar.

Dieses Werk sowie alle darin enthaltenen einzelnen Beiträge und Abbildungen sind urheberrechtlich geschützt. Jede Verwertung, die nicht ausdrücklich vom Urheberrechtsschutz zugelassen ist, bedarf der vorherigen Zustimmung des Verlages. Das gilt insbesondere für Vervielfältigungen, Bearbeitungen, Übersetzungen, Mikroverfilmungen, Auswertungen durch Datenbanken und für die Einspeicherung und Verarbeitung in elektronische Systeme. Alle Rechte, auch die des auszugsweisen Nachdrucks, der fotomechanischen Wiedergabe (einschließlich Mikrokopie) sowie der Auswertung durch Datenbanken oder ähnliche Einrichtungen, vorbehalten.

Impressum:

Copyright © 2018 GRIN Verlag
Druck und Bindung: Books on Demand GmbH, Norderstedt Germany
ISBN: 9783668748125

Dieses Buch bei GRIN:

https://www.grin.com/document/430890

Larissa Petersen

Entwicklung der Persönlichkeit im Zeitverlauf und deren Relevanz für Gründungsvorhaben

GRIN Verlag

GRIN - Your knowledge has value

Der GRIN Verlag publiziert seit 1998 wissenschaftliche Arbeiten von Studenten, Hochschullehrern und anderen Akademikern als eBook und gedrucktes Buch. Die Verlagswebsite www.grin.com ist die ideale Plattform zur Veröffentlichung von Hausarbeiten, Abschlussarbeiten, wissenschaftlichen Aufsätzen, Dissertationen und Fachbüchern.

Besuchen Sie uns im Internet:

http://www.grin.com/

http://www.facebook.com/grincom

http://www.twitter.com/grin_com

INHALTSVERZEICHNIS

ABKÜRZUNGSVERZEICHNIS II

TABELLENVERZEICHNIS III

ABBILDUNGSVERZEICHNIS IV

1. EINLEITUNG 1

2. THEORETISCHE GRUNDLAGEN 2

2.1. Unternehmer, Unternehmersgründer, Manager 2

2.2. Persönlichkeit und Persönlichkeitseigenschaften 3

2.3. Persönlichkeitstheorien 4

2.4. Persönlichkeitsentwicklung 4

3. PERSÖNLICHKEITSMODELLE UND UNTERNEHMERPROFIL 5

3.1. Das „Big-Five" Modell (Fünf-Faktoren-Modell) 5

3.2. Das „Reiss-Profil" (Reiss Profile) 7

3.3. Aussagekraft der Persönlichkeitsmodelle in Bezug auf Gründerpersönlichkeit. 8

3.4. Persönlichkeitsentwicklung in Bezug auf Gründerforschung 10

4. ZUSAMMENFASSUNG UND KRITISCHE WÜRDIGUNG 11

LITERATURVERZEICHNIS V

ABKÜRZUNGSVERZEICHNIS

Abb.	Abbildung
BGB	Bürgerliches Gesetzbuch
d.h.	das heißt
NEO-PI-R	das revidierte NEO-Persönlichkeitsinventar
RMP	Reiss Motivation Profile
u.a.	unter anderen

TABELLENVERZEICHNIS

Tabelle 1. Persönlichkeitsdimensionen des NEO-PI-R..6
Tabelle 2. Persönlichkeitsmerkmale und Intensität der Motivation nach Reiss....................7

ABBILDUNGSVERZEICHNIS

Abbildung 1. Gründer und Entrepreneur. Begriffsmerkmale und Abgrenzungen nach Schulte.......2

1. EINLEITUNG

Unternehmentum wird als die Quelle für wirschaftliches Wachstum angesehen, da es Innovationen in den Markt bringt und Arbeitsplätze schafft. In Europa fällt die Gründerquote niedriger aus als in Nordamerika, Asien und Ozeanien[1]. In Deutschland liegt die Selbstständigenquote im Durchschnitt bei 10,1%[2]. Verschiedene Länder stellen Förderungsprogramme zur Unterstützung künftiger Unternehmer auf, es wird diskutiert, ob Unternehmentum durch die Einführung von Lehrgängen begünstigt werden kann. Viele Faktoren und Rahmenbedingungen üben Einfluss auf die Entwicklung des Unternehmentums aus, diese Arbeit fokussiert die individuellen Wesensmerkmale der Unternehmerpersönlichkeit. Im Vordergrund steht die Frage, ob eine spezifische Persönlichkeitsstruktur des Unternehmers existiert und sich durch wissenschaftlich anerkannte Modelle identifizieren lässt. Der Ausgangspunkt der Gründungsforschung ist, dass die Persönlichkeit einen wesentlichen Einfluß auf die Gründungsentscheidung besitzt und der Erfolg oder das Scheitern eines neugegründeten Unternehmens mehr oder weniger direkt auf die persönlichen Voraussetzungen des Unternehmers zurückgeführt werden kann[3]. Die vorliegende Arbeit setzt sich mit der Aufgabe auseinander, anhand von ausgewählten Konzepten die Gründerpersönlichkeitseigenschaften zu ermitteln. Dabei ist nicht ausser Acht zu lassen, daß sowohl eine Unternehmensgründung, als auch die Persönlichkeitsentwicklung dynamische Prozesse darstellen, die zudem von Umwelteinflüssen nicht ausgeschlossen sind. Die Persönlichkeitstheorie besagt, dass Persönlichkeitseigenschaften sowohl ererbte als auch erlernte Anteile aufweisen, folglich ist Persönlichkeit das Resultat aus unseren Anlagen und den Einflüssen der Umwelt[4]. Im begrenzten Rahmen dieser Arbeit wird auf die Komplexität der Struktur nicht detailliert eingegangen. Nach Einleitung in Kapitel 1 werden in Kapitel 2 die Definitionen für „Persönlichkeit", „Unternehmer" und die Grundlagen zur Persönlichkeitsbestimmung und Persönlichkeitsentwicklung geliefert. Im Kapitel 3 werden die Konzepte „Big-Five" und „Reiss-Profil" vorgestellt und auf die Aussagekraft der vorgestellten Ansätze für die Ermittlung des Persönlichkeitsprofils eines Unternehmers eingegangen. Der Abschluss der Arbeit in Kapitel 4 fasst die Ergebnisse zusammen und beleuchtet Kritikpunkte.

---

[1] Vgl. Global Report 2017/2018, S.14
[2] Statistisches Jahrbuch 2017, S.353
[3] Zumholz (2000), S.25
[4] Vgl. Howard et al. (2008), S. 190

2. THEORETISCHE GRUNDLAGEN

2.1. Unternehmer, Unternehmersgründer, Manager

Der Begriff „Unternehmer" lässt sich nicht eindeutig fassen. Nach BGB §14 ist ein Unternehmer eine natürliche oder juristische Person oder eine rechtsfähige Personengesellschaft, die bei Abschluss eines Rechtsgeschäfts in Ausübung ihrer gewerblichen oder selbständigen beruflichen Tätigkeit handelt.[1] Zumholz[2] betrachtet als „Unternehmensgründer" eine Person, die aus einer abhängigen Beschäftigung durch die Gründung eines selbständig agierenden Unternehmens, welches sie eigenverantwortlich leitet, in die Selbständigkeit wechselt. Zumholz[3] nimmt eine zweiteilige Systematisierung der Definition vor, die auf funktionalen (Schaffung von Marktgleichgewicht und innovativen Leistungen) und formalen (leitender Eigentümer eines Unternehmens) Kriterien beruht. Bei der Entrepreneurship-Forschung kommt der Begriff „Entrepreneur" ins Spiel, der nicht selten als Synonym zu „Unternehmer" verwendet wird, dient jedoch gemäß dem amerikanischen Verständnis als Bezeichnung der Existenzgründer, nicht für Unternehmer von bereits etablierten Unternehmern. Merriam-Webster's Collegiate Dictionary Online[4] versteht unter dem Begriff, dass es sich um eine Person handelt, welche organisiert, verwaltet, und das Risiko eines Unternehmens übernimmt. Entrepreneurship bezeichnet einerseits das Ausnutzen unternehmerischer Gelegenheiten sowie den kreativen und gestalterischen unternehmerischen Prozess in einer Organisation, andererseits ist es eine wissenschaftliche Teildisziplin der Betriebswirtschaftslehre[5]. Schulte[6] liefert eine analytische Auffassung des Begriffs durch die Erfassung der Eigenschaften, wonach sich der Entrepreneur vom Unternehmensgründer durch die innovative Aktivität unterscheidet (s. Abb. 1).

Gründungshandeln	G	(Unternehmens-) Gründer	Entrepreneur	
Selbständigkeit	S			
Risiko (Eigentum)	R			
Leitung	L			Intrapreneur
Innovation	I			

Abbildung 1. Gründer und Entrepreneur. Begriffsmerkmale und Abgrenzungen nach Schulte[7].

---

[1] Bürgerliches Gesetzbuch, §14
[2] Vgl. Zumholz (2000), S.16
[3] Vgl. Zumholz (2000), S.12
[4] https://www.merriam-webster.com/dictionary/entrepreneur, Abruf von 02.06. 2018, Übersetzung von Autor
[5] Vgl. Kollmann, https://wirtschaftslexikon.gabler.de/definition/entrepreneurship-51931, Abruf von 02.06.2018
[6] Vgl. Schulte (2006), S.355
[7] Vgl. Schulte (2006), S.355

Der Unterschied vom „Manager" wird von Steward[1] in unterschiedlichen Ausprägungen der Neigung zu Risikoaktivitäten gesehen. Das lässt sich durch das Aufgabenfeld eines Managers erklären, der delegierte Aufgaben verwaltet und über eine andere Sichtweise in Bezug auf Risiko verfügt.

2.2. Persönlichkeit und Persönlichkeitseigenschaften

Unter der *Persönlichkeit* eines Menschen wird die Gesamtheit seiner Persönlichkeitseigenschaften verstanden: die individuellen Besonderheiten in der körperlichen Erscheinung und in Regelmäßigkeiten des Verhaltens und Erlebens[2]. Nach Pervin[3] handelt sich bei einer Persönlichkeit um jene Charakteristika oder Merkmale des Menschen, die konsistente Muster des Fühlens, Denkens und Verhaltens ausmachen. Die leistungsbezogenen Persönlichkeitsmerkmale (z.B. Intelligenz, Aufmerksamkeit) sowie körperliche Merkmale werden häufig nicht dem Persönlichkeitsbereich zugerechnet[4]. In der Persönlichkeits- und differentiellen Psychologie wird die *Persönlichkeitseigenschaft* für breitere und zeitlich stabile Wesenszüge verwendet (traits) und von Zuständen (states) und Verhaltenstendenzen (habits) abgegrenzt. Die Eigenschaften sind transsituativ konsistent, wenn die Eigenschaftsunterschiede innerhalb der Situationen im Vergleich zwischen Situationen ähnlich ausfallen[5]. Die Eigenschaften beschreiben eine Zusammenstellung der funktional äquivalenten Verhaltens- und Erlebensweisen, die zeitlich stabil und konsistent hervortreten[6]. Aus verschiedenen Definitionen sind gemeinsame Aspekte festzuhalten: die Persönlichkeitseigenschaften beinhalten einerseits einen beschreibenden, andererseits einen erklärenden Charakter, sind stabil und stellen verhaltensrelevante Merkmale einer Person dar. Sie können sich von den Eigenschaften anderer Personen unterscheiden und lassen sich von anderen Merkmalen der Person differenzieren, woraus sich schließen lässt, dass sie messbar sind und zu einem Profil zusammengestellt werden können. Weiterhin wird den Persönlichkeitseigenschaften eine vorhersagende Funktion zugeschrieben. Sie werden als hypothetische Konstrukte zur Beschreibung des Verhaltens und Erlebens einer Person angesehen, die in Abhängigkeit von der Situation eine Vorhersage des Handelns erlauben[7].

---

[1] Vgl. Steward et al. (1999),S.10
[2] Neyer et al. (2018), S.2
[3] Pervin et al. (2005), S.31
[4] Vgl. Rammsayer et al. (2016), S.13
[5] Neyer et al. (2018), S.27
[6] Vgl. Rammsayer et al. (2016), S.200
[7] Vgl. Merzbacher (2007), S.22

2.3. Persönlichkeitstheorien

Nach Rammsayer[1] untergliedern sich die Persönlichkeitstheorien in die psychoanalytische Theorie von Freud und Ansätze nach Freud, behavioristische Ansätze, soziale Lerntheorie, kognitive Persönlichkeitstheorien, Theorien zum Selbstkonzept, humanistische Persönlichkeitstheorien, neohumanistische Ansätze, konstitutionspsychologische Ansätze und Eigenschaftstheorie. Simon[2] strukturiert die persönlichkeitstheoretischen Grundmodelle in Typenlehre, Eigenschaftstheorie, dynamische Theorie, Lerntheorie, statistische Theorien und humanistische Theorien. Verschiedene Theorien fokussieren unterschiedliche Grundmotive für das menschliche Verhalten, die als Herkunftsquelle der Persönlichkeitseigenschaften betrachtet werden können. Die Theorien der eigenschaftsbezogenen Psychologiebereiche beschäftigen sich mit dem Erforschen der Struktur und Entwicklung der Persönlichkeit, fokussiert auf grundlegende Persönlichkeitseigenschaften, die als Verhaltensmuster dienen können. Zur Ermittlung der Persönlichkeitsmerkmale wird von den Forschern die Faktorenanalyse angewandt.

Die personenzentrierte Gründungsforschung bezieht sich auf intuitive (Unternehmerbilder), demografische (Alter, Geschlecht), humankapitaltheoretische (Ausbildung), und eigenschaftstheoretische/motivationstheoretische Ansätze[3]. Während der eigenschaftstheoretische Ansatz die stilistischen Wesenszüge behandelt (basierend auf 16 Primärfaktoren von Cattell oder konzentriert auf fünf zusammenfassende Kernmerkmale der „Big-Five"), beschäftigt sich der motivationstheoretische Ansatz mit dynamischen Wesenszügen (u.a. Leistungsmotiv von MCClelland).

2.4. Persönlichkeitsentwicklung

Die Persönlichkeitseigenschaften werden als über die Zeit stabile und in unterschiedlichen Situationen konsistente Einheiten betrachtet, jedoch wird die Persönlichkeit starkem Umwelteinfluss ausgesetzt, der die Persönlichkeitsentwicklung fördert. Die Persönlichkeit verarbeitet die Wirkung der kritischen Lebensereignisse, gewinnt neue Erfahrungen und befindet sich in einem ständigen Lernprozess. Damit ist die Persönlichkeitsentwicklung als ein ständiger Kompromiss zwischen Eigendynamik der Persönlichkeit und Fremdbestimmung durch die Umwelt, die ein Produkt aus Zufall und Notwendigkeit darstellt, zu betrachten[4]. Die Ursache für die Persönlichkeitsentwicklung ist die Bildung von Handlungskompetenz für die Auseinandersetzung mit der inneren (genetische Merkmale) und äußeren Realität (Umweltdeterminan-

---

[1] Rammsayer et al. (2016)
[2] Simon (2006), S.19
[3] Vgl. Tegtmeier (2008), S.30
[4] Vgl. Neyer et al. (2018), S.346

ten)[1]. Nach Göbel[2] ist die Persönlichkeitsbildung in der Pubertät abgeschlossen. Andere Autoren stellen Veränderungen in einzelnen Persönlichkeitseigenschaften fest, auf die im Unterkapitel 3.4. näher eingegangen wird.

3. PERSÖNLICHKEITSMODELLE UND UNTERNEHMERPROFIL

Persönlichkeitsmodelle streben an, durch die Ermittlung der Persönlichkeitsmerkmale das Denken, Fühlen und Handeln einer Person zu beschrieben und zu erklären. Persönlichkeitsmodelle basieren auf verschiedenen Forschungstraditionen (u.a. humanistischen, eigenschaftstheoretischen, lerntheoretischen) und unterscheiden sich in ermittelten Persönlichkeitsdimensionen und Ursachen für deren Ausprägung. Das „Big-Five" Modell identifiziert die wesentlichen Persönlichkeitseigenschaften, die bezogen auf das Thema dieser Arbeit, in bestimmter Konstellation die Gründungsaktivität begünstigen können. Das „Reiss-Profil" ermittelt die Persönlichkeitseigenschaften bezogen auf die Grundbedürfnisse. Basierend auf den tief sitzenden Wertvorstellungen werden die Menschen zur Handlung motiviert. Werthaltungen sind individuelle Besonderheiten in der Bewertung wünschenswerter Ziele oder Handlungsdispositionen[3]. Zwischen Werthaltung und Verhaltensdispositionen gibt es korrelative Zusammenhänge, die durch Motive vermittelt sind[4]. D.h. ein durch innere Werte ausgelöstes Bedürfnis ein Unternehmen zu gründen macht eine Person zu einem Unternehmer mit bestimmten Persönlichkeitsmerkmalen. Im Fokus des weiteren Arbeitsverlaufs steht die Analyse, ob unter Zuhilfenahme beider Ansätze ein Persönlichkeitstyp des Unternehmers abgeleitet werden kann.

3.1. Das „Big-Five" Modell (Fünf-Faktoren-Modell)

Anlehnend an die von Allport und Olbert (1936) erstellten Eigenschaftslisten identifizierte Cattell in den 40er-Jahren die Beurteilungsfaktoren, aus denen Tupes und Christal (1961) fünf wiederkehrende Faktoren zur Persönlichkeitsbeschreibung ermittelten. Diese Faktoren werden von verschiedenen Persönlichkeitspsychologen als Grundlage für weitere Forschungen benutzt. Das Fünf-Faktoren-Modell von Costa und McCrae wurde im Fragebogen NEO-PI-R operationalisiert, das Persönlichkeitsprofil wird anhand fünf Dimensionen erfasst (s.Tabelle 1).

---

[1] Vgl. Simon (2006), S.17
[2] Vgl.Göbel et al. (1998), S.173
[3] Neyer et al. (2018), S.202
[4] Neyer et al. (2018), S.206

Diese Dimensionen gelten als voneinander unabhängig, über das Personenalter hinweg stabil und unabhängig von kulturellen Einflüssen. Das Model weist ein hohes Niveau an Reliabilität, Validität und Objektivität[1] auf.

Tabelle 1. Persönlichkeitsdimensionen des NEO-PI-R. Eigene Zusammenstellung in Anlehnung an Howard[2]

Persönlichkeits-dimension	Merkmale	Skallenwerte		
		niedrig	Mittel	Hoch
Openness (O)	Offenheit für Erfahrungen, Kreativität, Vorstellungskraft, Neugier, Aufgeschlossenheit, Wissbegier	bewahrend	moderat	erneuernd
Conscientiousness (C)	Gewissenhaftigkeit, Perfektionismus, Leistungsstreben, Zuverlässigkeit, Festigung, Selbstkontrolle, Zielstrebigkeit, Ehrgeiz	flexibel	ausbalanciert	fokussiert
Extraversion (E)	Soziabilität, positive Emotionalität, Selbstsicherheit, Optimismus, Geselligkeit, Umgänglichkeit	introvertiert	ambivertiert	extravertiert
Agreeableness (A)	Anpassung, Nachgiebigkeit, Verträglichkeit, Umgänglichkeit, Kompromissbereitschaft, Teamorientierung	herausfordernd	vermittelnd	anpassend
Neuroticism (N)	Neurozismus, emotionale Stabilität/Labilität, negative Emotionalität, Stressresistenz	belastbar	besonnen	sensibel

Das „Big-Five"-Modell stellt hinsichtlich Messqualität das zurzeit gültige kulturübergreifende Referenzsystem dar und wird als universelle Transferplattform zwischen unterschiedlichen diagnostischen Instrumenten benutzt[3]. Auf Basis von „Big-Five"-Profilen können drei oder fünf Persönlichkeitstypen ermittelt werden: unterkontrolliert, überkontrolliert, resilient (sowie zuversichtlich und reserviert)[4]. Trotz der Popularität sind einige Kritikpunkte anzumerken. Beim „Big-Five"-Modell sind die Persönlichkeitseigenschaften sehr allgemein gefasst, was dazu führt, dass wichtige Persönlichkeitsmerkmale nicht mehr voneinander unterschieden werden können[5]. Wie auch bei anderen lexikalischen Analysen, besteht die Gefahr, dass die gewonnenen Persönlichkeitsfaktoren lediglich die linguistischen Kategorien widerspiegeln und keine Aussagen über die Persönlichkeitsstruktur liefern[6]. Ashton[7] hält den sechsten Faktor „Ehrlichkeit/Bescheidenheit" als Ergänzung der Aussagekraft des Modells für notwendig. Ein Einwand bei der Anwendung der „Big-Five"-Modells kann auch die Tatsache darstellen, dass das Modell nicht aus einer vorhandenen Theorie, sondern als Ergebnis der Anwendung der Faktorenanalyse entstanden ist[8]. Die Kritiker der sogenannten „Trait-Theoretiker" sind der Ansicht,

---

[1] Vgl. Howard et al. (2008), S.26; Fehr (2006), S.131 f
[2] Howard et al. (2008), S.24
[3] Vgl. Fehr (2006), S.115
[4] Vgl. Neyer et al. (2018), S.116
[5] Wetzel (2007), S.20f
[6] Vgl. Rammsayer et al. (2016), S.235
[7] Vgl. Ashton et al. (2004)
[8] Vgl. Rammsayer et al. (2016), S.236

dass nicht die Charaktereigenschaften, sondern das Verhalten eines Unternehmers für den Unternehmenserfolg relevant ist[1]. Die Verhaltensweise wird nach Reiss anhand der 16 grundlegenden Motive bestimmt.

3.2. Das „Reiss-Profil" (Reiss Profile)

Das „Reiss-Profil" ist ein Modell aus Motivations- und Persönlichkeitspsychologie, das die Persönlichkeitsmerkmale als Gewohnheiten betrachtet, die Menschen entwickeln, um die Grundbedürfnisse zu befriedigen[2]. Die motivationalen Prozesse stellen den Schlüssel zum Verständnis der Persönlichkeit dar. Das „Reiss-Profil" stellt 16 Lebensmotive vor, die ein Persönlichkeitsprofil bilden. Die Handlungsmotivation wird von folgenden Faktoren bestimmt: Anerkennung, Beziehungen, Ehre, Eros, Essen, Familie, Idealismus, körperliche Aktivität, Macht, Neugier, Ordnung, Rache, Ruhe, Sparen, Status, Unabhängigkeit. Die 16 Grundbedürfnisse weisen teilweise eine Übereinstimmung mit „Big Five"-Faktoren auf[3]: das Motiv „Anerkennung" korreliert positiv mit N, „Beziehungen" und „Macht" mit E, „Ehre" mit C, „Neugier" mit O, „Rache" mit A und N, „Ruhe" mit N, „Sparen" mit N, wobei „Ordnung" und „Sparen" negativ mit O korrelieren. Die Menschen verfügen über das Potenzial, wichtige Emotionen sowohl durch unmittelbare als auch durch nachempfundene Erfahrungen erleben zu können[4]. Eine Person setzt die Prioritäten für die Grundbedürfnisse auf verschiedene Weise und bildet ihr eigenes Profil aus Wertvorstellungen (RMP). Dasselbe Grundbedürfnis führt bei unterschiedlicher Ausprägung zu unterschiedlichen Persönlichkeitsmerkmalen[5] (s. Tabelle 2).

Tabelle 2. Persönlichkeitsmerkmale und Intensität der Motivation nach Reiss[6] (gekürzt auf 6 Merkmale).

Grundbedürfnis	Unzureichende Motivation	Motivation geringer Intensität	Durchschnittliche Motivation	Motivation höher Intensität	Übermäßige Motivation
Anerkennung	übertrieben selbstbewusst	selbstbewusst	kein Persönlichkeitsmerkmal	unsicher	selbsterniedrigend
Macht	unterwürfig	gelassen	kein Persönlichkeitsmerkmal	ehrgeizig	kontrollierend
Neugier	gedankenlos	praktisch veranlagt	kein Persönlichkeitsmerkmal	intellektuell	übermäßig analytisch
Ordnung	chaotisch	desorganisiert	kein Persönlichkeitsmerkmal	wohlorganisiert	perfektionistisch
Ruhe	furchtlos	risikobereit	kein Persönlichkeitsmerkmal	vorsichtig	feige
Unabhängigkeit	abhängig	interdependent	kein Persönlichkeitsmerkmal	auf sich selbst vertrauend	starrsinnig

---

[1] Vgl. Würthner (2012), S.98
[2] Vgl. Reiss (2016), S.15
[3] Vgl. Reiss (2016), S.49 ff
[4] Vgl. Reiss (2016), S. 54
[5] Reiss (2016), S.67
[6] Reiss (2016), S.68 f

Rein statistisch kann das Reiss-Profil zwei Milliarden unterschiedliche Motivstrukturen abbilden, die sich jedoch in berufsspezifische Gruppen einordnen lassen[1]. Das Erkennen der Antriebstrukturen, die eine Aussage über langanhaltende Motivation und Leistungsbereitschaft treffen, macht Prognosen über das Berufsprofil möglich. Die Anwendung ist als Ergänzung zu einem „Big-Five"-Test denkbar. Nach Reiss[2] und Havercamp et al.[3] sind die Validitäts- und Reliabilitätskoeffizienten hoch einzustufen. Krug[4] verweist auf das Fehlen der Taxonomie und den aus ihr abgeleiteten Annahmen von der theoretischen und empirischen Basis. Reiss[5] beantwortet diesen Kritikpunkt mit der Übereinstimmung mit 17 Instinkten von James. Schimmel-Schloo[6] relativiert die Bedeutung der Gene, die von Reiss als Bedingtheit der Motivatoren angesehen werden und sieht die Einflussstruktur deutlich komplexer mit vielfältigen kulturellen sowie gesellschaftlichen Einflüssen und individuellen Erfahrungen.

3.3. Aussagekraft der Persönlichkeitsmodelle in Bezug auf Gründerpersönlichkeit.

Die Aussagekraft der vorgestellten Modelle in Bezug auf Gründerpersönlichkeit und Unternehmenserfolg ist ziemlich begrenzt. Bisher ist bei dem Versuch, einen direkten Einfluss der Persönlichkeit auf den unternehmerischen Erfolg nachzuweisen, keine einheitliche Sichtweise entstanden[7]. Anhand des „Big-Five"-Modells wurde bestätigt, dass sich das Persönlichkeitsprofil eines Selbständigen von einem Angestellten in Big-5-Dimensionen unterscheidet[8]. Dabei sind die Ergebnisse von verschiedenen Autoren in Bezug auf einzelne Dimensionen nicht identisch. Howard[9] stellt den Zusammenhang von Big-Five-Profilen und typischen Berufen fest. Demzufolge hat ein Unternehmer das Profil: N – kein Eintrag, E +, O +, A -, C +; ein Manager: N -, E +, O -, A -, C +. Ein Unternehmer ist damit deutlich offener für neue Erfahrungen als ein Manager. Zhao et al.[10] weisen darauf hin, dass bei den Dimensionen O und C die Enterpreneure über höhere Werte als Manager verfügen, bei beiden Gruppen ist die Dimension E gleich und bei der Dimension N ist ein negativer Wert festzustellen. Die Studie von Enverick[11] dagegen teilt Managern einen höheren Wert in C zu. Nicht selten werden die ein-

---

[1] Vgl.Schimmel-Schloo (2002), S.268
[2] Vgl. Reiss (2016), S.65
[3] Vgl. Havercamp (2003), S. 123
[4] Vgl. Krug (2012), S.52
[5] Vgl. Reiss (2016), S. 54
[6] Vgl. Schimmel-Schloo (2002), S.277
[7] Vgl. Würthner (2012), S.5
[8] Vgl. Caliendo et al. (2011), S.7
[9] Vgl. Howard et al. (2008), S.140 f
[10] Vgl. Zhao et al. (2006), S.260ff
[11] Vgl. Enverick et al. (2000), S.13 f

zelnen Werte auf eine Korrelation mit „Erfolg" geprüft[1], dabei ergeben sich jedoch Schwierigkeiten sowohl bei der Begriffsdefinition und Messgrößen des Erfolgs wie auch bei der Korrelation von Erfolg und Höhe der Werte der erfolgsrelevanten Dimensionen. Das „Reiss-Profil" bestätigt und ergänzt die anhand „Big-Five" gewonnenen Forschungsergebnisse aus Sicht des Motivationsansatzes. Ausgehend von mehreren Autoren aus den in Big-Five nachgewiesenen Dimensionsausprägungen eines Unternehmers – N-, E+, O+, A-, C+ lassen sich durch die in Kapitel 3.2. erwähnten Korrelationen einige grundlegende Bedürfnisse ermitteln: „Anerkennung" mit N-, „Neugier" mit O+, „Rache" mit A, „Ehre" mit C+, „Beziehungen" und „Macht" mit E. Menschen mit einem schwachen Grundbedürfnis nach Anerkennung sind selbstsicher[2] und emotional stabil (Korrelation mit A- und N-). Eine hohe Ausprägung des Motivs „Unabhängigkeit" (Persönlichkeitsthema: auf sich selbst vertrauend) bewirkt das Persönlichkeitsmerkmal „selbstständig" und eine Motivkonstellation „niedriges Bedürfnis an Anerkennung und hohes Bedürfnis nach Macht und Unabhängigkeit" (Persönlichkeitsthema: selbstbewusst und ehrgeizig) prägt das Merkmal „unternehmenslustig"[3]. Es ist anzumerken, dass die Abgrenzung der zum Vergleich hinzugezogenen Gruppen wie z.B. „Manager" und „Gründer" sowie die Auswertungsmethoden bei verschiedenen Studien unterschiedlich ausfallen, wodurch die Vergleichbarkeit der Aussagen deutlich erschwert ist. So sind nach nach Envick[4] Manager gewissenhafter und teamorientierter und die Mittelwerte der Manager in E und N sind etwas höher als bei Enterpreneuren.

Die obengenannten Ergebnisse sind jedoch nicht ausreichend, um eindeutig ein Persönlichkeitsprofil des Unternehmers zu erstellen. Nicht selten werden bei der Gründerforschung zusätzlich dynamische Determinanten hinzugezogen wie u.a. Leistungsorientierung, Risikobereitschaft, internale/externale Kontrollüberzeugung, Autonomiestreben und Selbstwirksamkeit[5], deren Ausprägungen sich bei Unternehmern und Managern deutlich unterscheiden. Nach Caliendo[6] sind Unternehmer offener für Erfahrungen, extrovertierter, emotional stabiler und risikobereiter, besitzen den Glauben, dass die Ergebnisse eigener Kontrolle unterliegen. Dabei wird angemerkt, dass nur die „mittlere Risikoeinstellung" für den Fortbestand der Selb-

---
[1] Koetz (2016), Würthner (2012)
[2] Vgl. Reiss (2016), S. 74
[3] Vgl. Reiss (2016), S.268 ff
[4] Vgl. Envick (2000), S.13
[5] Vgl. Caliendo (2011); Würthner (2012), S.99, S.246; Utsch (1998), S.215; Würthner (2012), S.246
[6] Vgl. Caliendo (2011), S. 6

ständigkeit relevant ist, risikoscheue oder sehr risikofreudige Selbständige scheitern[1]. Gemäß von Utsch[2] durchgeführter Kovarianzanalyse haben Unternehmer höhere Werte für Selbstverwirklichung, Selbstwirksamkeit und Leistungsmotivation. Nicht alle Untersuchungen kommen zu den gleichen Ergebnissen und sind aktuell. Würthner[3] weist darauf hin, dass der Zusammenhang der Kontrollüberzeugung bzw. der Leistungsmotivation des Unternehmers mit dem Unternehmererfolg nicht durchgehend empirisch bestätigt ist. Es besteht keine Einigkeit darüber, ob ein Unternehmer über eine ausgeprägte Führungseigenschaft verfügen soll, denn Führung ist keine freie schöpferische Tätigkeit, sondern Zwänge, Pflichten, Normen[4] und ist eher einem Manager zuzuschreiben. Rausch[5] hält Unternehmer für eine sehr heterogene Gruppe von Menschen und liefert einen Quellenüberblick über die Typologie von Unternehmern, die aufgrund ihrer verschiedenen Persönlichkeitsmerkmale unterschiedliche Strategien verfolgen und unterschiedliche Entscheidungen treffen. An dieser Stelle ist festzuhalten, dass bisher keine eindeutige spezifische Persönlichkeitsstruktur eines Unternehmers weder anhand der Modelle „Big-Five" und „Reiss-Profil", noch durch Hinfügen zusätzlicher Determinanten, erforscht wurde, jedoch besteht Einigkeit in dem Ansatzpunkt vieler Forschungen, dass Unternehmensgründer Differenzen zu den anderen Untersuchungsgruppen aufweisen.

3.4. Persönlichkeitsentwicklung in Bezug auf Gründerforschung

Nach Howard[6] nehmen durch „Big-Five" gemessene Eigenschaftswerte N, E und O zwischen dem 20. und 30. Lebensjahr deutlich ab, dafür steigen A und C an. Nicht selten nimmt O erst ab ca. 40 Jahre ab, nur Menschen mit hohem Wert in internaler Kontrollüberzeugung weisen ein gegensteuerndes Veränderungspotenzial auf[7]. Das „Reiss-Motivprofil" ist stabil und charakterisiert unsere Persönlichkeit dauerhaft: „neugierige" Kinder sind auch als Erwachsene offen und interessiert[8]. Allerdings verblassen die existenziellen Antriebskräfte mit dem Alter[9]. Die Dunelin Longitudinal Study bestätigt die Prognosemöglichkeit von Kindheit bis zum Erwachsenenalter, allerdings nicht anhand der einzelnen Persönlichkeitseigenschaften, sondern anhand Persönlichkeitstypen[10]. Daraus kann resultiert werden, dass der Persönlichkeitstyp bis

---

[1] Vgl. Caliendo (2011), S. 7
[2] Utsch (2004), S.57
[3] Vgl. Würthner (2012), S.98
[4] Vgl. Simon (2006), S.383
[5] Vgl. Rausch (1998), S.16 f
[6] Vgl. Howard et al. (2008), S.27
[7] Vgl. Staudinger, http://www.spiegel.de/karriere/persoenlichkeitsentwicklung-wie-sich-der-mensch-mit-der-zeit-veraendert-a-915309.html, Abruf von 02.06.2018
[8] Vgl. Schimmel-Schloo (2002), S.276
[9] Vgl. Schimmel-Schloo (2002), S.276
[10] Vgl. Neyer et al. (2018), S.293

zum Erwachsenenalter eine stabile Struktur annimmt und einzelne Eigenschaften zwar über ein Veränderungspotenzial verfügen, aber erst mit dem Alter an Stabilität gewinnen. Der Gründer ist ein Individuum, analog zum Gründungsunternehmen, von einem Umfeld umgeben, das auf ihn einwirkt[1]. Daraus kann resultiert werden, dass in jeder Gründungsphase verschiedene Personeneigenschaften von besonderem Vorteil sind, um nachhaltigen Unternehmenserfolg zu sichern und es auf die Fähigkeit der Person ankommt, sich zusammen mit dem Unternehmen zu entwickeln. Die Erkenntnisse, dass sich Persönlichkeitseigenschaften mit dem Alter ändern können, werfen weitere Fragen auf, die von verschiedenen Autoren weiterverfolgt wurden. Anderseck[2] behandelt in seiner Arbeit die Frage, ob die Unternehmereigenschaften genetisch bedingt oder im Verlauf des Lebens durch grundlegende Bedürfnisse und Werthaltungen geprägt werden und durch Sozialisation erworben werden können. Es werden u.a. Ansätze vor dem Hintergrund Entwicklung der Persönlichkeitseigenschaften in Bezug auf Unternehmensgröße[3], biografisch-analytischer Sicht[4], psychologischen Erklärungsmodellen in Bezug Persönlichkeitseigenschaften in verschiedenen Gründungsphasen[5] erforscht.

4. Zusammenfassung und kritische Würdigung

Diese Arbeit analysiert innerhalb der betrachteten Literatur und bezogen auf zwei Persönlichkeitsmodelle die Problematik der Erfassung eines Persönlichkeitsportfolios eines Unternehmers. Zu Beginn wurden die theoretischen Grundlagen zur Persönlichkeit, Persönlichkeitseigenschaften und Definition des Unternehmerbegriffs gegeben. Im späteren Verlauf der Arbeit wurde auf die Theorien zur Bestimmung der Persönlichkeit, Persönlichkeitsmodelle und Persönlichkeitsentwicklung eingegangen. Nachfolgend wurden das „Big-Five" Modell und das „Reiss-Profil" vorgestellt und die Aussagekraft dieser Modelle für Gründerpersönlichkeiten ausdiskutiert. Es wurde herausgestellt, dass die Modelle nur in gewissen Grenzen die Persönlichkeitseigenschaften eines Unternehmers ermitteln, die als Potenzial zur Unternehmensgründung betrachtet werden können. Ein vollständiges Portfolio der Eigenschaften, das eindeutig einen Unternehmer von anderen Gruppen unterscheiden lässt, ist dennoch nicht erstellbar. Die einzelnen Konstrukte wie Persönlichkeitswesenszüge und Determinanten unter-

---

[1] Herr (2007), S.101
[2] Anderseck (2000), S.8
[3] Elspaß (2010)
[4] Siewert (2016)
[5] Markgraf (2008)

nehmerischen Intentionen[1] benötigen weiteren Forschungsbedarf. Generell ist zu beachten, dass diese Arbeit auf stark kritikausgesetztem Stoff basiert. Die Schwierigkeit einer Persönlichkeitsanalyse eines Unternehmers resultiert bereits aus dem Fehlen einer allgemeingültigen, universell einsetzbaren Definition für „Unternehmer" und einer Zusammenstellung der unternehmerischen Eigenschaften. Aktuell werden unternehmerische Fähigkeiten und Denkweisen auch von Managern verlangt. Diese Form wird von Sprenger[2] kritisiert und der Unterschied deutlich betont. Ein Unternehmer ist jemand, dessen Element das experimentelle Leben ist[3]. Entscheidend für die Definition des Unternehmers ist sein Verhältnis zur Zukunft: der wirkliche Unternehmer betreibt nicht Risikokalkulation mit messbaren Größen, sondern setzt sich der Unsicherheit aus und wagt eine Entscheidung[4]. Unternehmer sind damit die Agenten des Wandels, die mit Unsicherheit umgehen, während Manager Agenten der Stabilität sind, die mit messbaren Risiken arbeiten[5]. Dabei zeigen viele Studien, in denen Unternehmer Managern gegenübergestellt werden, dass es mehr Ähnlichkeiten als Unterschiede zwischen beiden Gruppen gibt[6]. Aus dem unterschiedlichen Begriffsverständnis für „Unternehmer" ergeben sich unterschiedliche Konstrukte, die das Portfolio der Persönlichkeitseigenschaften bilden. Bisher wurde kein endgültiges Portfolio erforscht. Es bestehen verschiedene Ansichten für das Vorhandensein verschiedener Determinanten, deren Messbarkeit und erfolgsrelevanter Dimensionsgröße.

Auf die einzelnen Kritikpunkte der Modelle „Big-Five" und das „Reiss-Profil" wurde in Unterkapiteln 3.1. und 3.2. eingegangen. Nicht von der Kritik verschont ist jedoch das gesamte Konzept des persönlichkeitsorientierten Ansatzes und der Persönlichkeitsmodelle insgesamt. Es wird angezweifelt, ob sich die Persönlichkeitsmodelle wirklich als Messinstrument für die Struktur der Persönlichkeit eignen. Die Ergebnisse des lexikalischen Ansatzes sind nur begrenzt auf alltagspsychologische Eigenschaftsurteile zu transferieren[7]. Die Verwendung von Personenmerkmalen weist eine geringe Vorhersagekraft für unternehmerisches Verhalten und für Unternehmenserfolg auf[8]. Die dynamische Entwicklung und Verhaltensvorhersage sind kaum messbar, die Modelle messen meistens retrospektive Ergebnisse, d.h. zum Befra-

---

[1] Vgl. Utsch (2004), S.23
[2] Sprenger (2005), S.54 ff
[3] Sprenger (2005), S.54
[4] Sprenger (2005), S.54
[5] Sprenger (2005), S.55
[6] Vgl. Tegtmeier (2008), S.77
[7] Vgl. Neyer et al. (2018), S.113
[8] Vgl. Utsch (2004), S.12; S.66

gungszeitpunkt war die Untersuchungsgründung bereits vollgezogen[1]. Situative Elemente werden außer Acht gelassen und unveränderliche Persönlichkeitseigenschaften handlungsweisend in den Vordergrund gestellt[2]. Die Bestimmung der Persönlichkeitseigenschaften wird durch eine Befragung erfasst, was jedoch eine Anfälligkeit für Verfälschung beinhaltet: ungewolltes Selbstlob und absichtlich eingesetzte positive Verzerrung[3]. Kein Persönlichkeitstest ist in der Lage, die Ganzheit eines Menschen erschöpfend abzubilden, weshalb Tests sofort auf bestimmte Merkmale zur Messung eingegrenzt werden, wobei die meisten Tests gleiche Untersuchungsthemen mit ähnlichen Ergebnissen haben.[4] Zudem können sich Probleme der textlichen Interpretation ergeben, die zur Mehrdeutigkeit oder zu verschiedenen Kontextvariation führen können. Es ist festzuhalten, dass weder ein einzelnes Modell, noch die Kombination der Persönlichkeitsmodelle ein Profil der Persönlichkeit von Gründern auch nur annähernd herstellen kann. Damit bleibt die Frage, welche Eigenschaften, Motive und Kompetenzen die Gruppe der Gründer charakterisieren, nicht eindeutig geklärt[5]. Es kann auch angenommen werden, dass es verschiedene Unternehmertypen gibt[6] oder eine Synergie der Persönlichkeitseigenschaften bei mehreren Gründern[7] zu betrachten ist. Ungeachtet unterschiedlicher Kritikpunkte und Sichtweisen lässt sich abschließend festhalten, dass das Thema große Aktualität aufweist und darüber hinaus kann das positive Forschungsergebnis als Grundlage zur Unternehmerförderung /Gründercoaching angesetzt werden. Zwar wird die Persönlichkeit des Gründers nicht als einziger Erfolgsfaktor betrachtet, die Persönlichkeitsmerkmale sind jedoch von Bedeutung, da sie das Denken und Fühlen des Gründers beeinflussen und somit unternehmerisches Handeln bewirken[8]. Die Individualität ist die eigentliche Quelle allen Fortschritts.[9]

---

[1] Vgl. Wagner et al. (2007), S.195; Tegtmeier (2008), S.79
[2] Vgl. Tegtmeier (2008), S.81
[3] Vgl. Wetzel (2007), S.30
[4] Vgl. Simon (2006), S.380
[5] Tegtmeier (2008), S.78
[6] Vgl. Rauch et al. (1998), S.16
[7] https://www.deutsche-startups.de/2017/09/29/persoenlichkeitsdiagnostik-bist-du-ein-gruender-typ/, Abruf von 02.06.2018
[8] Zimmer (2016); s.71 f
[9] Sprenger (2005), S.47

Literaturverzeichnis

Anderseck, K. (2000). *„born or made" – Der Weg zum Unternehmensgründer.* Diskussionsbeitrag „Tage der Forschung".

Baron, R. A., Markman, G. D. (2003). *Beyond social capital: the role of entrepreneurs' social competence in their financial success.* Troy, USA: Journal of Business Venturing 18 (2003) 41–60.

Braukmann, U., Bijedic, T., Schneider, D. (2008). *"Unternehmerische Persönlichkeit" - eine theoretische Rekonstruktion und nominaldefinitorische Konturierung.* Schumpeter Discussion Papers, No. 2008-003, Bergische Unviersität Wuppertal.

Bürgerliches Gesetzbuch. Von https://dejure.org/gesetze/BGB/14.html, Abruf von 02.06.2018

Caliendo, M., Fossen, F., Kritikos, A. (2011). *Selbständige sind anders: Persönlichkeit beeinflusst unternehmerisches Handeln.* Wochenbericht des DIW Berlin Nr. 11/2011.

Cooper, C. L., Robertson, I. T. (2000). *International Review of Industrial and Organizational Psychology. Volume 15.* Manchester: John Wiley & Sons, Ltd.

Dietz, K.-M. (2008). *Jeder Mensch ist ein Unternehmer. Grundzüge einer dialogischen Kultur.* Karlsruhe, Universitätsverlag Karlsruhe.

Elspaß, J. (2010). *Einfluss der Unternehmerpersönlichkeit auf die Gestaltung des Unternehmensnachfolgeprozesses.* Wuppertal, Bergische Universität Wuppertal.

Envick, B. R., Langford, M. (2000). The Five-Factor Model of Personality: assessing Enterpreneurs ans Managers. *Academy of Entrepreneurship Journal 6 (1)*, 6-16.

Fehr, T. (2006). Big Five: Die fünf grundlegenden Dimensionen der Persönlichkeit und ihre 30 Facetten. In W. Simon, *Persönlichkeitsmodelle udn Persönlichkeitstests* (S. 113-135). Offenbach, GABAL Verlag GmbH.

Frese, M. (1998). *Erfolgreiche Unternehmensgründer.* Göttingen, Hogrefe-Verlag.

Göbel, S., Frese, M. (1998). Konsequenzen für die Praxis: Ein Leitfaden für erfolgreiches Unternehmentum. In M. Frese, *Erfolgreiche Unternehmensgründer* (S. 171-200). Göttingen, Hogrefe-Verlag.

Havercamp, S. M., Reiss, S. (2003). A Compregencive Assessment of Human Strivings: Test-Retest Reliability ans Validity of the Reiss Profile. *Journal of Personality Assesstment 81*, 123-132.

Herr, C. (2007). *Nicht-lineare Wirkungsbeziehungen von Erfolgsfaktoren der Unternehmensgründung.* Wiesbaden, GWV Fachverlage GmbH.

Howard, P. J., Howard, J. M. (2008). *Führen mit dem Big-Five-Persönlichkeitsmodell. Das Instrument für optimale Zusammenarbeit.* Frankfurt/Main, Campus Verlag GmbH.

Klimmer, M., Neef, M. (2004). *Einsatz von Persönlichkeitstypologien in der deutschen Wirtschaft.* Mannheim, Fachhochschule Mannheim.

Koetz, E. (2006). *Persönlichkeitsstile und unternehmerischer Erfolg von Existenzgründern.* Osnabrück, Universität Osnabrück.

Markgraf, D. (2008). *Einfluss von Persönlichkeit und Wissen auf den Gründungsprozess.* Köln, Josef EUL Verlag GmbH.

MC Ashton; K, Lee; M, Perugini; P, Szarota; RE, de Vries; L, Di Blas; K, Boies; B., De Raad (2004). A six-factor structure of personality-descriptive adjectives: solutions from psycholexical studies in seven languages. *Journal of Personality and Social Psychology*, 356-366.

Merzbacher, G. (2007). *Persönlichkeitsbeschreibung aus selbstdarstellungs- und eigenschaftstheoretischer Perspektive.* Bamberg, Otto-Friedrich-Universität Bamberg.

Müller, G. F. (2000). *Existenzgründung und unternehmerisches Handeln. Forschung und Förderung.* Landau, Verlag Empirische Pädagogik.

Neyer, F. J., Asendorpf, J. B. (2018). *Psychologie der Persönlichkeit. 6., vollständig überarbeitete Auflage.* Berlin, Springer-Verlag GmbH.

Pervin, L. A., Cervone, D., John, O. P. (2005). *Persönlichkeitstheorien. 5.Auflage.* Stuttgart, UTB.

Rammsayer, T., Weber, H. (2016). *Differentielle Psychologie - Persönlichkeitstheorien. 2., korrigierte Auflage.* Göttingen, Hogrete Verlag GmbH & Co. KG.

Rauch, A., Frese, M. (1998). Was wissen wir über die Psychologie erfolgreichen Unternehmertums? - Ein Literaturüberblick. In M. Frese, *Erfolgreiche Unternehmensgründer* (S. 5-28). Göttingen, Hogrefe-Verlag.

Reiss, S. (2016). *Das Reiss Profile. 4.Auflage.* Offenbach, Gabal Verlag.

Schimmel-Schloo, M., Seiwert, L. J., Wagner, H. (2002). *Persönlichkeitsmodelle.* Offenbach, Gabal Verlag GmbH.

Schulte, R. (2006). Entrepreneur und Unternehmensgründer. *Wirtschafswissenschaftliches Studium. Heft 6.*, 355.

Siewert, A. (2015). *Existenzgründung als biographische Chance. Berufliche Selbstständigkeit im Kontext lebensgeschichtlichen Lernens.* Wiesbaden, Springer Fachmedien.

Simon, W. (2006). *Persönlichkeitsmodelle und Persönlichkeitstests.* Offenbach, GABAL Verlag GmbH.

Sprenger, R. K. (2005). *Aufstand des Individuums.* Frankfurt/New York, Campus Verlag.

Staudinger, U. (Spiegel Wissen 3/2013). Persönlichkeitsentwicklung. Das Leben ist eine Baustelle. http://www.spiegel.de/karriere/persoenlichkeitsentwicklung-wie-sich-der-mensch-mit-der-zeit-veraendert-a-915309.html. (E.-M. Schnurr, Interviewer)

Steward, W. H., Roth, P. (1999). *Risk propensity differences between enterprineuers and managers: a meta-analytic review.* Working paper nr: 99-101. Clemson University.

Tegtmeier, S. (2008). *Die Existenzgründungsabsicht. Eine theoretische und empirische Analyse auf Basis der Theory of Planned Behaivior.* Marburg, Tectum Verlag.

Utsch, A. (2004). *Psychologische Einflussgrößen von Unternehmensgründung und Unternehmenserfolg.* Gießen, Justus-Liebig-Universität Gießen.

Utsch, A., Frese, M. (1998). Für den Spezialisten: Methodische und theoretische Aspekte des Projekts EKU: Operationalisierung der Variablen, Analysestrategien und Anlage der Untersuchung. . In M. Frese, *Erfolgreiche Unternehmensgründer* (S. 205-217). Göttingen, Hogrefe-Verlag.

Wagner, K., Ziltener, A. (2007). Die Unternehmerpersönlichkeit und ihre Gründungsentscheidung : Gründungsmotive als Weichensteller . In M. Fink, S. Kraus, D. Alemer-Jarz, *Sozialwissenschaftliche Aspekte des*

Gründungsmanagements. Entstehung und Entwicklung junger Unternehmen im gesellschaftlichen Kontext. (S. 192-222). Stuttgart, Ibedem-Verlag.

Wagner, K., Ziltener, A., Chur, H. (2007). Die Unternehmerpersönlichkeit und ihre Gründungsentscheidung: Gründungsmotive als Weichensteller. In S. Kraus, M. Fink, & D. Almer-Jarz, *Sozialwissenschaftliche Aspekte des Gründungsmanagements: die Entstehung und Entwicklung junger Unternehmen im gesellschaftlichen Kontext.* (S. 192-222). Stuttgart, ibidem Verlag.

Wetzel, C. (2007). *Soft Skills und Erfolg im Studium und Beruf.* Münster, Wachsmann Verlag GmbH.

Würthner, M. (2012). *Der Einfluss der Person des Unternehmers auf den internationalen Erfolg der Unternehmung.* Marburg, Tectum Verlag.

Zhao, H., Seibert, S. (2006). The Big Five Personality Dimensions and Entrepreneurial Status: A Meta-Analytical Review. *Journal of Applied Psychology. Volume 91*, 259-271.

Zimmer, A. (2016). *Junge Gründerpersönlichkeiten – Eine vergleichende Betrachtung auf Basis von Persönlichkeitsprofilen.* München, Munich Business School.

Zumholz, H. (2000). *Wege in die Selbständigkeit.* Berlin, Deutscher Universitäts-Verlag.

Online Quellen:

Kollmann, T. in „Gabler Wirtschafslexikon"
https://wirtschaftslexikon.gabler.de/definition/entrepreneurship-51931, Abruf von 02.06.2018

Merriam-Webster Online Dictionary
https://www.merriam-webster.com/dictionary/entrepreneur, Abruf von 02.06.2018

Krug, J.S. „Essen, Ehre und Sparen – ein Test soll 16 archaische Lebensmotive messen" in „Wirtschafspsychologie aktuell" 03/2012
https://www.wirtschaftspsychologie-aktuell.de/files/wirtschaftspsychologie-aktuell-3-2012-krug.pdf, Abruf von 02.06.2018

„Persönlichkeitsentwicklung. Das Leben ist eine Baustelle"
Interview mit U. Staudinger durchgeführt von E. Schnurr in „Karriere Spiegel":
http://www.spiegel.de/karriere/persoenlichkeitsentwicklung-wie-sich-der-mensch-mit-der-zeit-veraendert-a-915309.html, Abruf von 02.06.2018

Schulz, B. „Persönlichkeitsdiagnostik: Bist Du ein Gründer-Typ?"
https://www.deutsche-startups.de/2017/09/29/persoenlichkeitsdiagnostik-bist-du-ein-gruender-typ/, Abruf von 02.06.2018

Global Enterpreneuership Monitor, Global Report 2017/2018,
https://www.gemconsortium.org/report, Abruf von 02.06.2018

Statistisches Bundesamt, Statistisches Jahrbuch 2017
https://www.destatis.de/DE/Publikationen/StatistischesJahrbuch/Arbeitsmarkt.pdf?__blob=publicationFile, Abruf von 02.06.2018

BEI GRIN MACHT SICH IHR WISSEN BEZAHLT

- Wir veröffentlichen Ihre Hausarbeit, Bachelor- und Masterarbeit

- Ihr eigenes eBook und Buch - weltweit in allen wichtigen Shops

- Verdienen Sie an jedem Verkauf

Jetzt bei www.GRIN.com hochladen und kostenlos publizieren